Il Guardiano Delle Anime

Il Guardiano Delle Anime

ALDIVAN TORRES

Canary Of Joy

CONTENTS

1   1

1

Il guardiano delle anime
    Aldivan Teixeira Torres
Il guardiano delle anime
Autore: Aldivan Teixeira Torres
© 2018-Aldivan Teixeira Torres
Tutti i diritti riservati

Questo Ebook, comprese tutte le sue parti, è protetto da Copyright e non può essere riprodotto senza il permesso dell'autore, rivenduto o scaricato.

Aldivan Teixeira Torres è uno scrittore consolidato in diversi generi. A oggi ha titoli pubblicati in nove lingue. Fin da piccolo è sempre stato un amante dell'arte della scrittura avendo consolidato un percorso professionale dalla seconda metà del 2013. Con i suoi scritti spera di contribuire al Pernambuco e alla cultura brasiliana, risvegliando il piacere della lettura in chi lo fa non ho ancora l'abitudine. La tua missione è conquistare il cuore di ciascuno dei tuoi lettori. Oltre alla letteratura, i suoi gusti principali sono la musica, i viaggi, gli amici, la famiglia e il piacere di vivere. "Per la letteratura, l'uguaglianza, la fraternità, la giustizia, la dignità e l'onore dell'essere umano sempre" è il suo motto.

"Maria è quella torre di Davide, di cui parla lo Spirito Santo nei canti sacri: "Intorno a essa sorgono le fortezze; sono appesi mille scudi e tutte le armi dei valorosi" (Ct 4, 4). Tu sei dunque la Beata Vergine - come dice sant'Ignazio martire - 'uno scudo inespugnabile per chi è impegnato in combattimento'".

(Sant'Alfonso Maria de Ligório)
Nostra Signora del Pilastro
Miracolo della Madonna del pilastro
Nostra Signora delle Nevi
Nostra Signora di Walshingham
Nostra Signora del Rosario
Nostra Signora del Monte Carmelo
Nostra Signora del Monte Bérico
Nostra Signora del Caravaggio
Nostra Signora del Paradiso
Nostra Signora di Guadalupe
Nostra Signora di Kazan
Nostra Signora del Buon Successo
Apparso il 16/01/1599
Anni dopo
Apparso il 02/02/1634
Ultima comparsa il 12/08/1634
Nostra signora della buona salute
Nuovi miracoli
Miracoli dopo l'apparizione
Siluva-1457
Siluva- 1608
Immacolata Concezione
Le apparizioni di Nostra Signora di Laus
Un po 'più tardi
Pregate di Loreto
Una conversione importante
Un mese dopo
Libro delle apparizioni della Vergine Madre di Dio

Nostra Signora del Pilastro

Saragozza-Spagna-40 d.C.

Quarant'anni dopo la morte di Cristo, il movimento cristiano fu crudelmente perseguitato dalle élite ebraiche con molti cristiani sventolati, imprigionati e persino uccisi. In alternativa a questa resistenza, hanno inviato missionari in altre regioni per espandere la diffusione della parola divina.

San Giacomo il Maggiore fu incaricato di predicare in Spagna, un paese situato nell'Europa meridionale. Prima di partire, però, si consultò con la Vergine Maria, considerata la madre degli apostoli. I due erano molto legati a causa della fede e del cuore e non potevano separarsi senza un addio formale.

Nel giorno e nell'ora messi insieme, esattamente a Efeso, nella casa della santissima madre, avvenne il tanto atteso incontro.

"Sono venuta per salutarti e chiedere il tuo consiglio, madre mia", disse Santo James mentre si avvicinava alla Vergine Madre.

"Il mio cuore si rallegra della tua visita, buon figlio. Ecco, devi mantenere la fede, essere preparato di fronte alle difficoltà, predicare la parola con energia, forza e spirito tra i pagani. Voglio che tu conosca la mia piena fiducia nelle loro capacità ", rispose Mary.

"Ti ringrazio per le parole, benedetto! Che segnale mi dai del mio viaggio in Spagna? "James ha chiesto.

"Al momento giusto, vedrai. Il mio desiderio ora è che tu costruisca una chiesa a mio nome in Spagna - Chiesto illuminato.

"La tua richiesta sarà accolta. Ora, lasciami andare perché il viaggio è lungo", disse James.

"Va 'nella pace di Cristo, figlio", augurò Maria.

"Sii anche in pace, madre mia", disse James.

James ha iniziato il lungo viaggio in Europa. Arrivato nella terra promessa, è stato instancabile nel suo lavoro apostolico. A Saragozza, in una notte fredda, stava incontrando i suoi discepoli quando fu sorpreso da voci che gridavano: "Ave Maria, piena di grazia! In un secondo momento, si inginocchiò davanti all'apparizione che vide: Una moltitudine di angeli circondò la Santissima Madre che era seduta su una colonna di marmo.

Il gruppo ha recitato un potente mestiere, emozionando i presenti che hanno aiutato nell'esecuzione. Alla fine di questo evento, la madre di Gesù ha contattato:

"Ecco, figlio mio, è il luogo segnato e destinato al mio onore, in cui, per le tue cure e nella mia memoria, voglio che si costruisca una Chiesa. Tieni questa colonna dove sono seduto perché mio figlio e il tuo padrone lo hanno mandato dal cielo per mano degli angeli. Accanto a lui poserai l'altare della cappella, e in esso opererà la virtù del più alto i presagi e le meraviglie della mia intercessione con coloro che, nelle loro necessità, chiedono il mio patronato, e questo pilastro rimarrà qui fino alla fine del mondo, e non mancheranno mai in questa città i veri cristiani che onorano il nome di Gesù Cristo, figlio mio.

«Così sia, mia madre, Prometeo James.

Gli angeli rapirono la Signora del Cielo lasciandola di nuovo nella sua residenza. Come ordinato, la cappella dedicata agli illuminati iniziò a essere costruita con i discepoli di San Giacomo come consiglieri perché si spostò verso Gerusalemme. Lungo la strada, fece un'altra visita alla santa vergine, la sua migliore amica. Mentre la guardava, i due si abbracciarono e alla fine di questa azione iniziarono a parlare.

"Come stai, mia madre? "James ha chiesto.

"Meglio ora con la tua presenza, figlio del cuore. Quali buone notizie porti dalla Spagna?

"Le cose si sono calmate laggiù. Su tua richiesta, la tua chiesa è in costruzione: Santo James ha informato.

"Sono felicissimo che la notizia sia. Dio nostro Signore è soddisfatto del tuo lavoro, figlio mio. Ma non è ancora finita. Ti ho visto male. Sto pregando per il tuo meglio ", dissi rattristata, Mary.

"Esattamente come erano queste visioni? "Volevo conoscere il curioso apostolo di Gesù.

"Ho visto la sua morte arrivare. Chiediamo forza al nostro buon Dio e accettiamo l'inevitabile - profetizzò Maria.

"Sono pronto! Non mi dispiace morire per il mio Signore. Quanto vale la vita senza Gesù? Mi rispondo: niente! "James ha risposto.

"Ho ammirazione per il tuo coraggio. Primo, voglio che tu sappia del mio amore per te come figlio spirituale: il santo rivelato.

"Mi sento come se fossi la mia vera madre. La morte non ha il potere di separarci e tanto meno di distruggere il nostro amore - fu dichiarato James.

In macchina, si abbracciarono e si baciarono di nuovo. In quel momento critico della decisione, si erano aperti l'un l'altro i loro cuori come non avevano mai fatto prima. È come hanno detto. Non c'era niente che potesse distruggere il loro amore fraterno.

Infine, salutando, James ha continuato il suo viaggio a Gerusalemme dove è stato infine ucciso dai suoi avversari. Si è unito agli innumerevoli martiri fatti dal cristianesimo a causa della persecuzione religiosa.

Miracolo della Madonna del pilastro

Correva l'anno 1637. Miguel Juan Pellicer era un giovane contadino spagnolo che lavorava nel sito di suo zio nella regione di Castellón. Quando è andato a lavorare, è stato colpito da un mordi e fuggi, con conseguente fatturazione della sua tibia. Non appena è stato trovato dallo zio a terra, è stato portato all'ospedale della città di Valencia dove aveva un pronto soccorso.

La sua situazione era grave e poiché all'epoca disponeva di poche risorse mediche fu mandato a Saragozza. A quel tempo, la sua gamba destra era già in cancrena e l'unica soluzione era amputarla. Sono passati diversi mesi e lui è rimasto in ospedale in cura. Quando è stato dimesso, ha iniziato a vivere per strada nella città di Saragozza. Ogni giorno, ha partecipato alle messe ed è diventato devoto della Madonna.

Due anni dopo, ha deciso di tornare a casa. La sua famiglia si è rallegrata di vederti. Tuttavia, poiché ero senza una gamba, non potevo aiutarli al lavoro che in un certo senso rattristò quel giovane così pieno di vita.

Una notte hanno accolto un soldato di cavalleria che stava attraversando la zona. Gli offrirono la cena e l'alloggio perché la notte era già presto. Il visitatore si trovava a suo agio nella camera di Miguel e il ragazzo è stato spostato nella camera dei suoi genitori.

Al mattino, quando si sono svegliati, hanno sentito un forte profumo di rose nella stanza e mentre guardavano altrove verso il loro figlio, hanno notato qualcosa di completamente nuovo in lui: due piedi erano mostrati alla fine del suo corpo. Tutti hanno gridato di sorpresa e mentre lo svegliavo, ha vibrato di gioia. Era stato guarito all'istante dall'intercessione della Madonna di cui era devoto. La notizia si è diffusa in tutta la regione dimostrandosi un vero miracolo.

Nostra Signora delle Nevi

Roma - Anno 352 d.C.

A quel tempo viveva a Roma una coppia di successo che si prendeva cura di Dio e dei loro rispettivi comandamenti. Per motivi d'infertilità, non poterono avere figli e non avendo nessuno a cui lasciare la loro grande fortuna decisero di darla alla Chiesa in consacrazione alla Beata Vergine.

Stava pensando a questo progetto che una notte fece un sogno in cui la Madonna gli trasmise il seguente messaggio:

- ostruire una basilica sulla collina al mattino dove domani cadrà la neve.

Era il mese di agosto in genere nella regione faceva abbastanza caldo. Per opera miracolosa della Vergine Maria nevicava ricoprendo completamente di neve il Monte Esquilino. La notizia si è presto diffusa in tutto il mondo con la sorprendente presenza di élite cristiane in visita al sito. Per volere della Vergine, la Chiesa fu edificata dandole il nome di "Nostra Signora della Neve" a causa dell'intrigante fenomeno climatico che vi si verificò.

Nostra Signora di Walshingham

Inghilterra - 1061 d.C.

Considerato il santuario nazionale inglese della venerazione alla Madonna, Walshingham presenta una bellissima storia tra le tante legate alla madre di Dio. Diamo un'occhiata?

Maria Santissima apparve in sogno a Richeldis di Faverches portandolo spiritualmente a casa sua a Nazareth. A quel tempo, chiese con forza la costruzione di una casa simile a Walsingham. Dopo aver ripetuto questo sogno tre volte, finalmente il devoto della vergine mise in atto la richiesta.

Con difficoltà nel portare a termine i lavori a causa dei provvedimenti, ricorse afflitto al santo. Miracolosamente, un santuario apparve vicino al luogo. Poi sono iniziate le messe, gli incontri apostolici El gruppi di preghiera che si sono riuniti lì. In questi momenti vengono riportate innumerevoli cure, prodigi e liberazioni.

La notizia di tutti questi fatti ha girato il paese portando sul posto numerosi pellegrini. Furono erette cappelle dirette al santuario e attualmente ne esistono ancora due: la Cappella di Nostra Signora del Colle Rosso e la "Cappella delle scarpette".

Nella storia raccontata c'è stato un tempo in cui questa venerazione è stata perseguitata, culminata nella distruzione dell'immagine di Maria. Tre secoli dopo, questa antica tradizione riemerse con l'emergere di vari gruppi che sostenevano la devozione. Di conseguenza, hanno rifatto l'immagine oltre a ricostruire e ingrandire ciò che era rimasto del tempio.

Attraverso Walshingam, il nome della nostra signora è magnificato in Inghilterra e in ricompensa la nostra amata madre si prende cura dei suoi devoti inglesi con una dolcezza insondabile. Chiunque usi il tuo nome non è per segata.

Nostra Signora del Rosario

Prouille, Francia (1208)

Era un giorno di domenica. Come al solito, il predicatore Domingos de Gusmão, combattente prima delle eresie, era in ginocchio a pregare nella cappella di Prouille. Nel momento più fervido della preghiera, ecco, una nuvola scende nel suo tempio lasciando una bella donna dai volti rosei e luminosi. Gli disse:

"Io sono Mary. Vengo per darvi il rosario, la chiave della pace e della salvezza umana. Inoltre, sono contento che tu lo preghi ogni giorno in onore del mio nome. Fallo e ti prometto la caduta di nemici ed eresie. Trasmettilo agli altri fratelli ".

Allungando le mani, porse il pezzo e sorrise. In risposta, il devoto ha assicurato:

"Farò quello che ho in mio potere! Il tuo desiderio si avvererà. "

La donna tornò alla nuvola e fu elevata al più alto dei cieli scomparendo alla vista del suo servo. Domingos de Gusmão ha continuato il suo lavoro con l'eliminazione delle eresie. Ancora una volta il cuore di Maria ha trionfato!

Nostra Signora del Monte Carmelo

Aylesford, Inghilterra (1251)

I Mori hanno intrapreso una forte persecuzione dei cristiani. In questo contesto, i Carmelitani residenti sul Monte Carmelo furono massacrati dai loro nemici. Coloro che riuscirono a salvarsi si rifugiarono in Inghilterra intorno al 1238 d.C.

Il luogo scelto per fondare il monastero era Aylesford, una regione di grande bellezza naturale. Ancora una volta, hanno affrontato resistenza al loro modo di vivere e alle loro convinzioni. Con questo, l'unica opzione che avevano lasciato per sopravvivere era la preghiera. Era esattamente il percorso che seguiva il priore generale dei Carmelitani noto come San Simone Stock.

La tradizione vuole che in una notte d'intense preghiere ricorse alla protezione della Vergine Madre contro le tribolazioni. Una di queste suppliche era questo famoso canto:

"Splendore del paradiso. Vergine Madre incomparabile.
Dolce Madre, ma sempre Vergine,
Sii propizio ai Carmelitani, o Stella del Mare ".

Nel momento in cui pronunciò questa preghiera, la vergine apparve circondata dagli angeli. Allungò la mano e gli porse lo scapolare dicendo:

"Ricevi il mio amato figlio, questo Scapolare del tuo Ordine, segno del mio amore, privilegio per te e per tutti i Carmelitani: chi muore con lui non sarà perduto. Ecco un segno della mia alleanza, salvezza in pericolo, alleanza di pace e amore eterno.

"Grazie, cara madre. Prometto di diffondere questo simbolo tra i fratelli Carmelitani e di conseguenza in tutto il mondo. In questo modo, il suo nome sarà ancora più glorificato tra i peccatori - ha detto Simon Stock.

"Possano le tue parole diventare realtà! Sii solo in pace! "La Vergine Madre desiderava.

Detto questo, è salito insieme agli angeli nel paradiso benedetto. Dall'apparizione del santo, i Carmelitani non furono più perseguitati con tutti i cristiani che cercavano di diffondere l'uso dello scapolare. Questo era ancora un altro prodigio della madre di Gesù.

Nostra Signora del Monte Bérico

Vicenza-Italy-1426

Nel periodo 1404-1428 la città di Vicenza soffrì di una delle più grandi crisi sanitarie di tutti i tempi. Molti che cercano di sfuggire alla peste hanno lasciato dietro di sé un intero patrimonio e una storia culturale. Fu in questo ambiente d'incertezza che la mano di Dio agì con fermezza.

A quel tempo viveva in città una signora di nome Vincenza Pasini. Ogni giorno, ha scalato il Monte Bérico portando il cibo del marito che aveva il compito di prendersi cura di un vigneto. In una di queste occasioni, quando raggiunse la cima della collina, una donna apparve splendente di fronte a lei vestita con un abito da gala come se fosse una regina. Spaventato, il devoto cristiano cadde a terra di fronte a tanto splendore. La bella signora si avvicinò, aprì un sorriso e la calmò aiutandola ad alzarsi.

"Sono la Vergine Maria, la Madre di Cristo morta in croce per la salvezza degli uomini. Ti chiedo di andare dai vicentini per mio conto a costruire una chiesa in mio onore in questo luogo, se vuoi riacquistare la salute; altrimenti, la peste non cesserà.

Il servo era statico e felice di fronte alla promessa. Per molto tempo, la popolazione ha gridato a Dio per chiedere misericordia e, infine, lei era venuta attraverso sua madre. Tuttavia, era ancora in dubbio su come procedere.

"Ma la gente non mi crederà. E dove, o gloriosa Madre, possiamo trovare i soldi per fare queste cose?

"Insisterai che questo popolo faccia la mia volontà, altrimenti non sarà mai liberato dalla peste; e finché non obbedirà, vedrà il mio figlio adirato contro di lui. Per provare quello che dico, lasciateli scavare qui, e dalla massiccia e sterile roccia sgorgherà acqua; e una volta iniziata la costruzione, non ci sarà carenza di denaro.

"Cosa dobbiamo aspettarci dalla costruzione del santuario?

"Tutti coloro che visitano questa chiesa con devozione nelle mie feste e ogni prima domenica del mese avranno in dono l'abbondanza delle grazie e della misericordia di Dio e la benedizione della mia stessa mano materna.

"Sono felice del tuo sostegno. Farò come mi chiedi.

"Bene, mi dispiace. Devo andare ora! Essere in pace!

"Così sia!

La vergine madre sospirò e si alzò a poco a poco dalla montagna. In pochi istanti, è completamente sparito. Da sola, la sensitiva è andata a prendersi cura degli obblighi della sua giornata. Appena potete, diffondete il messaggio della Madonna, ma i vostri concittadini non hanno fatto causa alla richiesta. Erano più preoccupati per sé stessi che per pensare alla relazione con Dio. In tal modo, la crisi sanitaria è continuata.

Due anni dopo, la madre di Dio riapparve nelle stesse circostanze ripetendo lo stesso messaggio. Seguendo le raccomandazioni, la serva di Dio ha trasmesso il comunicato e questa volta è stata ascoltata. Subito dopo l'inizio dei lavori ci fu un parziale miglioramento dello stato di salute della città e con il completamento dei lavori ci fu un completo miglioramento. Questo dimostra la divina provvidenza per i tuoi figli. Sia ringraziato sempre di più il nome di Maria per questo grande prodigio in Italia.

Nostra Signora del Caravaggio

Italia-1432

Caravaggio è un comune italiano situato al confine tra gli stati di Milano e Venezia. Questa volta è stata caratterizzata da conflitti politici e religiosi, disordini, persecuzioni di eretici e gravi crimini. Inoltre, ha vissuto il tumulto della guerra tra due stati: la Repubblica di Venezia e il Ducato di Milano.

In questo contesto catastrofico avvenne l'apparizione della vergine Madre di Dio. Era in un prato chiamato Mezzolengo da una contadina sofferente di nome Joaneta Varoli. Era in un momento di preghiera quando vide una donna avvicinarsi all'apparizione di una regina. Quando si è avvicinata molto, ha detto:

"Sono la madre di tutta l'umanità. Sono riuscito a nascondere al popolo cristiano le meritate pene della giustizia divina e vengo a proclamare la pace.

"Cosa dovremmo fare per mantenerci sotto la sua grazia? Hai chiesto a Joaneta.

"Ritornate alla penitenza, digiunate il venerdì, pregate in chiesa il sabato pomeriggio in segno di gratitudine per la liberazione delle pene e costruite una cappella in onore del mio nome in questo luogo", ha chiesto l'Immacolata.

"Quale segno dai al tuo popolo affinché creda nelle sue parole? "Ha chiesto al servo.

"Questo! "Dice la Madonna.

Nello stesso momento, una sorgente di acqua limpida sgorga dai piedi della Vergine.

"Chi beve da quest'acqua otterrà la pace e la guarigione dalle sue infermità", Prometeo la divina madre.

"Madonna, vorrei chiederti una cosa: con la tua intercessione presso il nostro buon Dio, non potresti porre fine a questa guerra nel nostro Paese e salvare la buona convivialità nella Chiesa? - Ha annuito speranzoso al devoto.

"Ogni giorno prego per questo, figlia mia. Per questo compito, ho bisogno della tua collaborazione. Voglio che tu vada contro i governanti in mio nome cercando di suggellare l'accordo di pace. Con la fede nel nostro Dio, avremo successo. Posso contare su di te? Ha chiesto alla miracolosa Maria.

"Certamente, mia madre. Adempirò questo compito con piacere - assicurò l'umile piccolo.

"Sono contento. Ora devo andare a fare i miei obblighi in paradiso. Sii solo in pace! "Mary ha voluto.

"Così sia!

Joaneta si è trasferita dal campo a casa sua pensando a tutto ciò che era stato detto dalla Madonna. Non passò molto tempo prima che mettesse in pratica il piano della Regina visitando i lati dissenzienti della guerra e gli opposti della Chiesa. In segno dell'apparizione della Vergine, ha presentato l'acqua sacra. Con questo sono stati segnalati molti miracoli. Nel tempo è riuscito a riportare la pace in Italia e nella Chiesa.

Nostra Signora del Paradiso

Vale do Paraíso-Portugal-1480

Un giorno, un pastore che guidava regolarmente i suoi greggi nella regione trovò una minuscola immagine di Maria vicino al tronco. L'immagine rifletteva una luce chiara e sacra che lo spaventò un po' '. Quando cercava di avvicinarsi all'immagine, non poteva perché la luce era piuttosto intensa.

Poi è andato a raccontare l'accaduto al parroco della sua città. Insieme a lui, sono scesi alla ricerca dell'immagine. Questa volta sono riusciti a portare l'oggetto sacro alla Chiesa locale. Quando ciò accadde, era ancora parte del pomeriggio con la chiusura del tempio.

Di notte, aprendo le porte del palazzo, hanno trovato il posto lasciato dall'immagine vuota. Quando sono andati a cercare, hanno trovato l'immagine nello stesso posto di prima. Per la seconda volta, hanno riportato l'immagine al santuario. Tuttavia, questa strategia non ha aiutato perché ancora una volta l'immagine è scomparsa. Hanno cercato di riprendere l'immagine per la terza volta con lo stesso fenomeno che si verifica. Fu in questo momento che si resero conto di essere la posizione dell'immagine vicino al tronco.

Hanno costruito un eremo in onore del santo sul sito. Da allora, ci sono state segnalazioni di molti miracoli per intercessione di Maria. Nostra Signora del Paradiso divenne nota in Portogallo e in tutto il mondo.

Nostra Signora di Guadalupe

Messico-1531

La scoperta delle Americhe ha portato sia a una corsa finanziaria che a una razza religiosa volta a convertire gli indigeni. Juan Diego era uno di questi ultimi con una devozione speciale alla Madonna. Una delle volte che ha camminato sulla collina di Tepayac, ha incontrato una bella donna circondata da una luce molto intensa. Ha avviato il contatto:

"Juanito, il più piccolo dei miei figli, impara che io sono Maria, sempre Vergine, madre del vero Dio che dà la vita e mantiene l'esistenza. Ha creato tutte le cose. È ovunque. Inoltre, è il Signore del Cielo e della Terra. Desidero che mi venga costruito un tempio in questo luogo, dove la tua gente possa sperimentare la mia compassione, aiuto e protezione. Tutti coloro che chiedono sinceramente il mio aiuto nelle loro tribolazioni e dolori conosceranno il mio Cuore Materno in questo luogo. Qui vedrò le tue lacrime; Li consolerò e troveranno pace. Quindi, ora corri a Tenochtitlan e di 'al Vescovo tutto quello che hai visto e sentito qui.

"Farò come mi chiedi! "Prometeo Juan.

"Sono felice delle tue parole. Con la mia benedizione, per ora vi saluto: nostra madre ha parlato.

Immediatamente, il giovane indigeno è andato a prendersi cura dell'adempimento della richiesta. In quel momento, aveva ancora paura di come avrebbe trasmesso questo importante messaggio e se ne sarebbe stato degno. C'era solo la certezza che avrebbe fatto del suo meglio per la missione. Arrivato al palazzo la mattina, ha programmato un colloquio con il vescovo locale.

La mattinata era finita e solo nel tardo pomeriggio è stata ricevuta dalle autorità. I due si sono incontrati nell'ufficio privato del palazzo, un sito ben decorato con molti colori, dipinti e sculture religiose. Di fronte a un clima di diffidenza, l'umile servitore ha preso la parola:

"Signore Vescovo, vengo a parlarti per la Madonna. Vuole la costruzione di un tempio sulla collina di Tepayac.

"Per la Madonna? Come è successo? - Chiede incuriosito il vescovo.

"Mi è apparsa lei stessa sulla collina trasmettendomi queste parole", ha detto l'indiano azteco.

Il vescovo fece una smorfia. Apparizioni? A un pagano? Nella sua mentalità, se una persona fosse stata scelta in Messico per ricevere questa visione, questa persona sarebbe lui e non un indiano. Ecco perché non ha dato credito alle sue parole. Tuttavia, per non deludere la sua fede, ha promesso:

"Prenderò in considerazione la richiesta della Madonna. Se vuoi, puoi visitarmi in un altro momento.

"Va bene", rispose Juan.

Lasciando il palazzo, il piccolo servitore si diresse verso la collina dove incontrò di nuovo la strana signora. Era determinato.

Per favore, Mary, scegli qualcun altro per questa missione. Il vescovo non ascolterà mai un povero indiano.

"Ascolta, figlio mio, il più caro: sappi in cuor tuo che non sono pochi i miei servi e messaggeri, ai quali posso dare l'onere di prendere il mio pensiero e la mia parola affinché possano adempiere la mia volontà. Ma è assolutamente necessario che tu ne parli tu stesso, e questo proprio con la tua mediazione e aiuti il mio desiderio e la mia volontà si avvererà.

"Come lo faccio allora?

"Vai a parlare con il vescovo domani e ribadisci la richiesta.

"Va tutto bene. Prometto che lo farò.

L'altro giorno, come concordato, è tornato a palazzo. Come la prima volta, ha dovuto aspettare per ore prima di essere trattato nella stessa stanza di prima.

"Sei di nuovo qui? Cosa vuoi? Chiese il vescovo.

"Vengo per insistere sulla richiesta della Madonna. Quando inizierai a realizzarlo? "Ha chiesto Juan.

"Come vuoi che ti creda? Che prove ho che tu sia davvero il suo inviato? "Il vescovo ha risposto.

"Non siete voi che parlate così tanto di fede? Perché non applicare in questo caso? "Hai incalzato Juan.

"Affatto. Sono cose completamente diverse. Vai e non tornare finché non avrai la prova di quello che stai dicendo. È giusto? "Ha dato al vescovo un ultimatum.

"Fare? Non ho altra scelta che accettare la condizione - rifletté l'indiano.

"Beh, non lo farò. In bocca al lupo! "Il vescovo ha concluso.

Juan lasciò il palazzo tornando alla sua residenza. Lì, ha trovato suo zio piuttosto malato. Per due giorni ha fatto tutto ciò che era in suo potere per migliorare suo zio. Tuttavia, nulla ha avuto effetto ed è solo peggiorato. Con i malati ingannati, il primo andò a cercare un sacerdote per dargli l'unzione estrema.

Agitato, avrebbe dovuto attraversare la collina di Tepayac. Ma poiché era troppo occupato, evitò il luogo in cui si trovava la santa vergine per non essere interrotto da lei. È così che è stato fatto. Anche così, avevi previsto di cambiare il tuo percorso. In questo modo è avvenuto l'inevitabile incontro.

"Dove vai, Juan, così di fretta? "Ha chiesto la bella donna.

"Cercherò un prete. Voglio che mio zio riceva l'unzione estrema perché è molto malato - ha detto l'uomo indigeno.

"Ascolta e conserva nel tuo cuore, figlio mio, il più caro: non è niente che ti spaventa e ti massacra; non disturbare, non abbiamo questa malattia, né altre sofferenze o qualcosa di angosciante. Non sono tua madre? Non sei sotto la mia ombra e protezione? Non sono io la tua fonte di vita? Non sei nella piega della mia veste, proprio dove incrocio le braccia? Non lasciare che nulla ti affligga o ti causi amarezza. Possa la malattia di tuo zio non affliggerti. Non morirà a causa di questa malattia. Credi nel tuo cuore che è già guarito - assicurava nostra madre.

"Credo! Quanto a quello che mi hai chiesto, mia madre, il vescovo ti chiede una prova. Cosa dovrei fare? "Ha chiesto Juan.

"Sali, figlio mio, il più caro, su per la collina, e là dove mi hai visto e dove ho dato tre ordini, proprio in quel luogo vedrai diversi fiori che sbocciano; Tagliali, raccoglili insieme, raccoglili nella tua veste e vieni quaggiù, portandoli da me - chiese Mary.

"Immediatamente, mia madre.

Detto questo, Juan è salito sulla collina dove ha raccolto i fiori. Scendendo con Maria, le mostrò i fiori e lei li sistemò nella sua veste, dicendo:

"Figlio mio, carissimo, questi fiori sono la prova, il segno che porterai al Vescovo. Gli dirai di vedere cosa voglio in loro e di fare la mia volontà. Sei il mio ambasciatore, mi fido di te. Ti ordino vivamente di aprire la tua coperta solo alla presenza del Vescovo e di scoprire cosa prendi. Gli

IL GUARDIANO DELLE ANIME

racconterai tutto, gli dirai come ti ho detto di salire in cima alla collina e tutto quello che hai visto e ammirato. Con questo cambierai il cuore del Vescovo, perché farà ciò che è in suo potere per innalzare il tempio che gli ho chiesto.

"Allora sii mia madre! In me trova un servitore fedele e dedicato. Ora adempirò la tua volontà", disse Juan.

"Sono felice di fronte alla tua dedizione. La mia grazia rimarrà sempre con te!

"Così sia, mia madre!

"Arrivederci, figlio mio!

"Anche!

I due si separarono con l'indiano andando ad adempiere al loro obbligo. Di nuovo è andato a una riunione con il vescovo locale.

"Vengo per volere della Madonna. L'ho incontrata di nuovo e mi ha chiesto di salire sulla collina. Ho scelto dei fiori che lei ha risistemato nella mia veste. Inoltre, ti ho portato a mostrarglielo prima di te. Questo è esattamente il segno che hai chiesto ", confermò Juan.

"Allora Mostrami! "Il vescovo ha chiesto.

Aprendo il manto, si è rivelata una bellissima immagine della Madonna. Immediatamente, il vescovo cadde a terra di ginocchia. Fu un miracolo spezzare una volta per tutte la resistenza della sua incredulità.

"Benedetta sia tua Madre che ti ha mandato qui. Da parte mia, prometto di fare ogni sforzo per soddisfare la tua richiesta. Mi dispiace di aver sospettato così tanto. "Ha detto il vescovo.

"Chiedete perdono alla Madonna! Un modo per porre rimedio alla tua mancanza di fede è costruire il tempio - ricorda Juan.

"Lo spero! Grazie mille per la tua insistenza! Ha lodato il prete.

"Per niente! "Juan ha detto.

"Posso fare una richiesta? "Il vescovo ha chiesto.

"Puoi farlo! "Juan ha detto.

"Portami nel luogo in cui è apparsa nostra madre. Anch'io voglio respirare quest'aria di santità! "L'apostolo implorò.

"Domani. Oggi ho degli obblighi da fare. "Ha informato Juan.
"Lo capisco. Allora è previsto per domani - ha confermato il vescovo.
"Sì. Fino a. "Ha detto il servo della Madonna.
"Anche. "Il reverendo è stato licenziato.

Lasciando lì, l'indiano si diresse a casa. Quando arrivò, trovò suo zio totalmente sano come aveva parlato al santo. Era pieno di gioia.

«Stai bene, zio. Benedetta sia la Madonna che ti ha guarito.

"Sto bene. Oh Dio? Sarebbe stata una signora leggera a farmi visita? Mi ha raccontato come ti ha parlato e l'ha mandato a Tenochtitlan. Si chiamava "Vergine Santa Maria di Guadalupe".

"È lei stessa.

"Sia benedetto. Ha trasformato le nostre vite per sempre.

"Vero. Il tuo nome sarà magnificato in tutto il paese.

I due si abbracciarono dando gloria a Dio. Ora che tutto andava bene, la richiesta della Madonna sarebbe stata esaudita e la pace sarebbe stata in America. Con la diffusione di questa notizia, molti aztechi si convertirono al cristianesimo.

Nostra Signora di Kazan

(Kazanskaya - Russia) -1579

Correva l'anno 1579. Kazan, all'epoca, era già una città prevalentemente cattolica con diverse chiese e monasteri. Tuttavia, il gruppo ha affrontato la resistenza di pagani e musulmani. Per aiutare i cristiani, la forza superiore si è manifestata con potere e gloria nell'evento descritto di seguito.

All'inizio di giugno 1979, la città ha subito un incendio molto distruttivo che ha lasciato metà della città in cenere. Tra le case distrutte c'era quella della piccola matrona. La sua residenza è stata ricostruita e una delle prime notti sotto il suo tetto ha avuto un sogno profetico. Nel sogno, la madre di Dio indicava il luogo in cui era sepolta la sua icona e le ordinava di riferire il fatto agli arcivescovi e ai magistrati.

IL GUARDIANO DELLE ANIME

La ragazza ha raccontato a sua madre del caso. Tuttavia, non ha prestato attenzione a lei. Con la ripetizione dello stesso sogno tre volte, si convinse. Hanno portato la notizia all'arcivescovo e ai funzionari comunali. Era il loro turno di non dargli credito.

Seguendo il suo istinto, la madre di Matrone raccolse la pala iniziando a scavare nel luogo designato dalla vergine. Con un buon sforzo, trovò miracolosamente l'icona della Madonna. La voce si sparse in tutta la regione con i miscredenti che chiedevano perdono per la regina del cielo.

L'icona è stata poi trasferita in processione nella cattedrale dell'Annunciazione, numerosi miracoli sono avvenuti durante il pellegrinaggio dei visitatori della città. Successivamente, hanno portato l'icona a Mosca. Da lì, tutta la Russia è stata benedetta dalla mano della potente Vergine.

Nostra Signora del Buon Successo

Ecuador-1594

Nel 1563, nella provincia di Viscava, in Spagna, nacque Madre Mariana de Jesus Torres. Dolce e dolce ragazza, appena si è capito le persone avevano un buon background intellettuale e religioso. La sua candidatura agli studi gli è valsa le lodi dei suoi genitori e insegnanti. All'età di tredici anni gli fu permesso di lasciare il paese insieme alla zia andando a vivere in Ecuador.

La fase delle apparizioni iniziò dove si sviluppò la sua medianità. Ho visto spesso santi, angeli e demoni. I più importanti di loro si riferiscono a quelli della santa Madre di Dio.

Alla prima apparizione, Madre Mariana giaceva a terra, lamentandosi della sua colonia. Ha quindi implorato l'aiuto del più alto. Fu allora che sentì una voce che lo chiamava. Mentre dirigeva la visione alla sua voce, vide quindi molta chiarezza e dentro di lei riconobbe la Madonna che portava Gesù sul braccio sinistro. La donna ha preso l'iniziativa.

"Sono Maria del Buon Successo, Regina del Cielo e della Terra. Le vostre preghiere, lacrime e penitenze sono molto gradite al nostro Padre celeste. Voglio che rafforzi il tuo cuore e che la sofferenza non ti abbatta. La tua vita sarà lunga per la gloria di Dio e di sua Madre, che ti parla. Il mio Santissimo Figlio vi presenta il dolore in tutte le sue forme. E per infonderti il valore di cui hai bisogno, portalo dalle mie braccia alle tue.

La santa ha consegnato il bambino Gesù tra le sue braccia. Lì inizia un'affascinante esperienza con il servo che nutre l'intimo desiderio di confortare Cristo nella sua passione.

"Glorioso sia il Signore e benedetta sia la vergine che lo ha comportato. Cosa posso fare per lei? Chiese al servo.

"Ti renderò il portavoce dei fatti futuri. In questo modo, sarò ancora più compiaciuto dell'opera del nostro Dio - Rivelò nostra madre.

"Sono pronto! "Mariana si è resa disponibile.

"Io sono contento! Ora devo andare! Tornerò a tempo debito", ha detto la Vergine.

"Va 'in pace, madre mia! "La cameriera desiderava.

La Beata Vergine riprese i suoi figli tra le braccia e avvolta da una luce incandescente si alzava verso il cielo in vista. È iniziata la serie delle apparizioni mariane in Ecuador.

Apparso il 16/01/1599

Era una notte fredda e tempestosa quando la Madonna ha parlato con Madre Mariana nell'intimità della sua stanza. Si è mostrato allo stesso modo dell'altro che entrava in un'intensa fiamma di Luce circondata da angeli.

"Sono venuto per portarti notizie sul futuro come avevo promesso. In primo luogo, questa patria cesserà di essere una colonia e sarà una Repubblica libera, conosciuta come Ecuador. Allora avrai bisogno di anime eroiche per sostenere te stesso attraverso tante calamità pubbliche e private.

"È un bene o un male, signora? Chiese al servo.

"Ha i suoi pro e contro. In effetti, essere una patria libera richiede una grande padronanza dei suoi governanti. Fortunatamente, questo paese lo farà. Nell'Ottocento apparirà un presidente veramente cristiano, un uomo di carattere, a cui Dio nostro Signore darà la palma del martirio nella piazza dove si trova il mio convento. Consacrerà la repubblica al cuore divino del mio santissimo figlio e questa consacrazione sosterrà la religione cattolica negli anni successivi, che saranno un cuore ardente per la chiesa.

"Capisco quanto devi essere felice. Ma non voleva anche la gloria per te? Ha chiesto Mariana.

"La mia gloria arriverà presto. I dogmi della mia Immacolata Concezione e Assunzione saranno proclamati dalla Chiesa. Con questo, il mio nome risplenderà sempre di più anche se la nostra ricerca è di ringraziare prima il Nome del Signore, figlia mia. Come ha detto mio figlio, chi vuole essere fantastico è il server di tutti. L'umiltà è una grande virtù che deve essere coltivata dalla gente.

"Ho capito, mia madre. Prometto per me di seguire questa virtù insieme agli insegnamenti del nostro Cristo.

"Tutto ok! Ho una richiesta da fare: è volontà del mio Santissimo Figlio che tu stesso faccia giustiziare una mia statua, come mi vedi e la metti sulla cattedra del Priore. Metterai nella mia mano destra il rosario e le chiavi del chiostro, come segno della mia proprietà e autorità. Nella mia mano sinistra metterai il mio Figlio divino. Governerò questo mio convento - Assalito l'Immacolata.

"Sono onorato di questa particolare missione. Questo si avvererà al tempo di Dio - osservò la piccola Mariana.

"Ho piena fiducia in questo", ha detto nostra madre.

"Sia benedetto il Signore per avermi concesso questo privilegio di conoscere tutte queste cose", disse Mariana.

"Essere in pace! Tornerò un'altra volta e parlerò ancora - concluse la Signora degli spiriti.

Detto questo, la santa Madre di Dio si ritirò insieme ai suoi angeli, lasciando i devoti pensierosi. Cos'altro ha preparato Dio per il mondo?

Anni dopo

Madre Mariana si è concentrata sull'opera del Signore negli anni seguenti. Tuttavia, la promessa fatta davanti alla Madonna non era ancora stata mantenuta. Per questa omissione subì un intenso martirio spirituale. La divina provvidenza l'ha destinata ad assumere lo scultore Francisco Del Castilho.

Durante quasi l'anno ha lottato per elaborare l'opera considerata come una grazia per essere cattolico e presiedere una famiglia cristiana. Il 9 gennaio considerava il lavoro quasi finito. Mancava solo un'ultima mano di vernice. Ha affidato l'immagine alle cure delle suore del convento.

Nelle prime ore di quello stesso giorno, il soprannaturale ha agito. Sentendo voci e vedendo luci nel coro, le suore si avvicinarono e rimasero stupite da ciò che vedevano: un'immagine artistica che prendeva forma. In estasi, a Madre Mariana fu permesso di sapere che gli autori del completamento di quest'opera erano San Francesco oltre agli Arcangeli Gabriele, Michele e Raffaele.

L'altro giorno, lo scultore dell'opera è rimasto colpito dal risultato. Firmando un documento, ha affermato di essere l'opera dell'immagine di un miracolo e non della sua abilità. Con ciò, la notizia della scultura soprannaturale si diffuse in tutto il paese.

Apparso il 02/02/1634

Dopo la cena in convento, le suore stavano chiacchierando in sacrestia quando un leggero blackout le ha costrette ad andare in pensione presto. Madre Mariana, nella quiete della sua stanza, ha ricevuto la visita inaspettata della nostra santa Madre nello stesso modo in cui si è presentata le altre volte.

"Io sono la Madonna. Avere questo blackout come simbolo della Chiesa nel XX secolo. La Chiesa di mio figlio sarà eclissata dal XX secolo. Ci sarà una catastrofe spirituale nel convento e in estensione in tutta la Chiesa; L'impurità si impadronirà del mondo, con il predominio della banalizzazione della sessualità; l'innocenza dei bambini sarà corrotta e il clero entrerà in crisi e, infine, verrà il lassismo trascurato il bene. In questo contesto, i buoni valori saranno profondamente minati.

Le lacrime scendono dal volto della Madonna davanti al male dell'umanità. Mariana piange insieme cercando di trovare un conforto di fronte a queste profezie.

"Posso saperne di più su questo, mia madre? "Ha chiesto al benedetto servitore.

"Ci sarà una corruzione quasi totale dei costumi e Satana regnerà attraverso le sette massoniche. All'interno della Chiesa, i sacramenti saranno profanati, abusati e messi in contrasto. Sono molto rattristato dalla mancanza di fede delle anime del tempo, dal declino delle anime religiose e dalla mancanza di cura per le questioni spirituali - ha spiegato la madre di Gesù.

"Non capisco una cosa, mia madre. Cosa intendi con la profanazione dei sacramenti all'interno della Chiesa stessa? "Ha chiesto al veggente preoccupato.

"C'è una previsione dell'apostasia. All'interno della Chiesa cattolica, il cattivo comportamento dei sacerdoti di alto livello comprometterà lo spirito della religione. Verranno tempi difficili in cui proprio coloro che dovrebbero difendere i diritti della Chiesa diventeranno ciechi. Senza timore servile o rispetto umano, si uniranno ai nemici della Chiesa nell'aiutarli a realizzare i loro progetti", ha detto l'Illuminato.

"Sono addolorato. Che speranza abbiamo allora? "Mariana ha pianto.

"La speranza è nel nostro Dio che ci promette quanto segue: "Ma quando appariranno trionfanti e quando l'autorità abusa del loro potere, commettendo ingiustizie e oppressione ai deboli, la loro caduta sarà vicina. Paralizzati, cadranno a terra - annunciò la vergine.

"Gloria al Signore nei secoli dei secoli! "Ho detto che il beato soddisfatto.

La Signora del Buon Successo fece un leggero sorriso di soddisfazione. Poi ha dato tra le sue braccia il bambino Gesù per portarlo in grembo per qualche istante. Il bambino Gesù gli rivelò in particolare quanto segue:

"Il dogma della fede dell'Immacolata Concezione di Mia Madre sarà proclamato quando la Chiesa sarà più combattuta e il mio Vicario sarà tenuto prigioniero. Allo stesso modo, il Dogma della fede del Transito e dell'Assunzione nel corpo e nell'anima sarà proclamato ai Cieli della mia Santissima Madre.

"Bene. Benedici tua madre! "Si rallegrava del servo.

Quando Gesù restituì sua madre, i due scomparvero in una colonna di fumo. Qualche istante dopo, la sensitiva si addormentò perché era troppo stanca.

Ultima comparsa il 12/08/1634

In un'altra notte buia, la Beata Mariana riceve la visita della santa vergine con la stessa apparenza delle altre volte. Appena arriva, annuncia:

"La mia adorazione sotto la consolante invocazione del Buon Successo sarà il sostegno e la salvaguardia della Fede nella quasi totale corruzione del ventesimo secolo.

"Grande Madre. Che ne sarebbe di noi senza la tua santa protezione? In che termini pesa di più la corruzione di quel tempo? "Il medium ha chiesto.

"Il decadimento raggiungerà completamente il clero per tutto il XX secolo. I sacerdoti devono amare John Mary Vianney con tutta la loro anima, un mio servitore che la bontà divina gli prepara a onorare quei secoli come modello esemplare di sacerdote altruista - ha rivelato Maria.

"Almeno lo abbiamo come consolazione. Sono terrorizzato da questa crisi. Chi sarà il suo agente eziologico? "La sorella era interessata a Cristo.

"Le eresie e la setta. Questa istituzione si diffonderà per influenzare tutti i settori della società. Arriverà un punto in cui si infiltrerà ovunque ", ha detto Mary.

"Quale sarà la conseguenza di ciò nei risultati relativi alla chiesa? "Ha continuato a veggente.

"Satana quasi regnerà attraverso le passioni stravaganti e la corruzione dei costumi. Concentrerà i suoi sforzi sull'infanzia per mantenere il suo regno. Oh, i ragazzi di quel tempo! Difficilmente riceveranno il sacramento del battesimo e della cresima - disse in lacrime immacolato.

Anche il santo servitore pianse. Come si può permettere una cosa del genere? È stato davvero un peccato questo futuro dell'umanità. Vedendola in dubbio, Mary continuò:

"La setta si impadronirà di tutte le classi sociali infiltrandosi nella vita particolare di ciascuna. Con questo, l'infanzia dei bambini andrà persa. Le conseguenze di ciò sono che avremo poche persone concentrate sul sacerdozio.

"Questo influenzerà in qualche modo la loro sessualità? Volevo conoscere Mariana.

"Completamente, angelo mio. L'atmosfera satura dello spirito d'impurità che, alla maniera di un mare impuro, percorrerà le strade, le piazze e le strade pubbliche... Difficilmente ci saranno anime vergini al mondo. Il delicato fiore della verginità, timido e minacciato di completa distruzione, si illuminerà da lontano - Compianto la madre di Cristo.

"Anche il sacramento del matrimonio ne risentirà? "Ha chiesto la cameriera.

"Quanto al Sacramento del Matrimonio, che simboleggia l'unione di Cristo con la Chiesa, sarà attaccato e profanato nella misura più completa della parola. Verranno imposte leggi malvagie per estinguere questo Sacramento, rendendo più facile per tutti vivere male, diffondendo la generazione di bambini non nati senza la benedizione della Chiesa. Lo spirito cristiano declinerà rapidamente", ha detto Mary.

A questo punto, il medium era piuttosto rattristato da tutte le rivelazioni roboanti. Sarebbe stata pietrificata. Mary continuava a parlare del futuro.

"Sempre sui sacramenti, anche due di loro saranno pienamente interessati. In quel momento il Sacramento dell'Unzione estrema, poiché in questa povera patria mancherà lo spirito cristiano, sarà poco considerato. Molte persone moriranno senza riceverlo per incuria delle famiglie. Lo stesso accadrà con la Santa Comunione. Ma là! Quanto mi sento nell'esprimervi che ci saranno molti enormi sacrilegi pubblici e anche nascosti dalla profanazione della Santa Eucaristia. Il mio Santissimo Figlio sarà gettato a terra e calpestato da piedi impuri - ha trasmesso la madre di tutti noi.

"Torniamo alla questione del clero. Perché deluderanno così tanto Cristo? "La beata ha chiesto.

"Casi di pedofilia, stupro e corruzione finanziaria. A causa dei peccati, sappi anche che la Giustizia Divina spesso scarica terribili punizioni su intere nazioni, non tanto per i peccati del popolo quanto per i peccati dei sacerdoti e dei religiosi, perché questi ultimi sono chiamati, per la perfezione del loro stato, a essere sale della terra, maestri della verità e parafulmini dell'Ira Divina: disse la madre dell'umanità.

"Qual è dunque la nostra speranza in questo contesto? Mariana era interessata.

"Ci saranno poche anime che custodiranno il tesoro della fede e della virtù. Subiranno un crudele e prolungato martirio. Molti di loro scenderanno alla tomba per la violenza della sofferenza e saranno considerati martiri che si sono sacrificati per la Chiesa e per la Patria - Annunciarono gli illuminati.

"Come possiamo sbarazzarci delle eresie e quali virtù dovranno adorare queste anime per mantenere la grazia del Signore? Beata era interessata.

"Per la liberazione dalla schiavitù di queste eresie, coloro ai quali l'amore misericordioso del mio Santissimo Figlio dedicherà a questa restaurazione richiederanno grande forza di volontà, costanza, valore e molta fiducia in Dio. Per mettere alla prova questa fede e fiducia dei giusti, ci saranno momenti in cui tutto sembrerà perduto e paralizzato. Sarà allora il felice principio del completo restauro. "Mary ha rivelato.

"Bene, mia madre. Come sarà la Chiesa allora dopo tutti questi fatti? "Ha chiesto a nostra sorella in Cristo.

"E la Chiesa, da ragazzina, si alzerà gioiosamente e trionfante, e si addormenterà dolcemente, stretta nelle mani dell'abile cuore materno del mio amatissimo figlio eletto di quei tempi. Lo renderemo grande sulla Terra e molto più grande in Cielo, dove vi abbiamo riservato un posto molto prezioso. Perché senza paura degli uomini, ha combattuto per la verità e ha difeso i diritti della sua Chiesa, perché lo chiamassero martire - ha concluso il beato.

"Così sia! "Mariana si è rallegrata.

"Ecco, io dico addio al mio sacro figlio di te. Prenditi cura delle mie pecore! "Ha detto la Signora degli spiriti.

"Vai in pace! Possa tu essere ricompensato in gloria per tutto ciò che fai per l'umanità: il nobile servitore desiderava.

"Il mio piacere è assistere tutti i miei figli con attenzione. Avere un benedetto resto della vita sulla terra. Da allora in poi, sono venuto a prenderti io stesso: Prometeo il santo.

"Spero di non fallire nella mia missione"", ha chiesto la piccola figlia di Dio.

"Abbi fede nelle mie cure e non ti mancherà nulla", disse Mary.

Infine, è salito al cielo in compagnia del suo amato figlio. Quella fu l'ultima volta che apparve il sensitivo. Madre Mariana avrebbe proseguito i suoi giorni terminati gloriosamente come esempio per tutti i cristiani ecuadoriani.

Nostra signora della buona salute

Vailankanni -India-1600

Prima apparizione

Erano circa le sei del mattino quando un ragazzo indù si stava dirigendo a casa del capo dopo aver tirato fuori un secchio pieno delle sue mucche da latte. A metà, incontrò un riformatore che portava tra le braccia il figlio appena nato. In un dolce e vestito era, la donna ha chiesto:

"Posso avere un po' 'di latte? Mio figlio ha fame.

"Certo, signora", il ragazzo annuì.

Riempiendo la tanica della donna, si sentì stranamente confortato da quell'atto.

"Grazie, figlio mio! Dio ti benedica! "Ringraziato la donna.

"Per niente! "Ha assicurato al ragazzo di buon cuore.

Il ragazzo è andato per la sua strada e quando è tornato indietro, non può più vedere sua moglie e suo figlio. Strano, pensa a te stesso. Quando è arrivato a destinazione, ha raccontato il caso al suo capo. Quando sono andati a controllare il secchio del latte, hanno detto che non mancava nulla. Il capo ha chiesto che lo portasse al luogo dell'apparizione. Il ragazzo obbedì e, nel fare la richiesta, entrambi videro la donna camminare di nuovo da quelle parti. Detto questo, potevano credere al giovane. Da allora in poi, la notizia dell'apparizione si è diffusa in tutta la regione.

Nuovi miracoli

Passarono diversi anni e di nuovo la Vergine apparve prima a un altro ragazzo nello stesso modo.

"Posso avere del latte per mio figlio? Chiese Mary.

"Sì. Eccolo - disse il ragazzo riempiendo la tanica con la donna consacrata.

"Con la tua buona azione, Dio ti benedirà. Sono Nostra Signora, Regina del cielo, voglio che tu sia guarita dal suo problema. Desidero anche la costruzione di una cappella in onore del mio nome in questo luogo - chiese Nostra Madre.

"Farò quello che ho in mio potere", il ragazzo era pronto a sentirsi stranamente bene.

Con un sorriso in faccia, si alzò agli occhi scomparendo subito dopo in colonne di nuvole. Il ragazzo raccontò tutto quello che aveva visto e sentito dalle autorità locali e con il loro aiuto fu costruita la cappella come aveva chiesto la madre di Dio. Da quel momento in poi, questo luogo divenne il centro di pellegrinaggi nel paese.

Miracoli dopo l'apparizione

Primo miracolo:

Era il XVII secolo quando per sfortuna una nave portoghese affondò vicino alla costa del golfo. Senza via d'uscita e conoscendo la storia miracolosa della vergine, implorarono la sua salvezza presso la santa. Le loro preghiere furono ascoltate con loro che riuscirono a sopravvivere all'affondamento.

Arrivati a terra, contribuirono a far diventare la cappella un imponente santuario. Nel corso degli anni è stato restaurato e ampliato alla massima gloria di nostra madre.

Secondo miracolo:

Questa regione è stata bersaglio di un devastante tsunami. Miracolosamente, il santuario è rimasto intatto mentre gli edifici vicini sono stati completamente devastati. Ciò dimostra che le opere di Maria sono eterne.

Nostra Signora della Buona Salute è la principale protettrice dell'India.

Nostra Signora di Siluva
(Lituania-1608-1612)

Siluva-1457

Pertas Gedgauskas era un nobile devoto di Maria di questa regione. Come forma di ringraziamento personale, fece costruire una chiesa di legno in onore della madre di Dio. Questa costruzione è durata quarant'anni ed è stata distrutta da un incendio. Per fede del popolo lituano, il tempio è stato ricostruito questa volta in muratura. In questo luogo sacro spiccava un'immagine della Madonna con il bambino Gesù realizzata a Roma. Numerosi miracoli sono stati riferiti a questa immagine. Ben presto il pellegrinaggio dei cattolici è stato intenso da tutte le regioni del Paese.

Pochi anni dopo, all'inizio del XVI secolo, i seguaci della riforma protestante si stabilirono nella regione e si appropriarono di terre fino ad allora appartenenti alla Chiesa cattolica. Molte persone si sono convertite al nuovo culto. Con la distruzione della chiesa mariana nel 1536, i restanti fedeli di Maria persero la fede per vederla ricostruita di nuovo.

Perdendo spazio a poco a poco, l'ultimo prete dovette lasciare la regione. Come ultimo atto, raccolse in una cassa gli oggetti salvati nel fuoco e li seppellì vicino al luogo di ciò che era la Chiesa. In questo momento, tutto sembrava perduto. Ma la santa era forte e potente, il che l'ha portata ad agire per la sua causa.

Siluva- 1608

Proprio in queste terre dove si trovava la Chiesa di Maria, i giovani hanno pascolato i loro greggi quando hanno visto una bellissima giovane donna seduta su una pietra con un ragazzo in grembo. Esteticamente ordinato, quello che c'era in scena era il grido di questa bella donna. Statico, i bambini non gli hanno chiesto niente. Tornati a casa, hanno raccontato ai loro genitori cosa era successo. Da quel momento in poi la notizia si è diffusa in tutta la città.

Una grande folla ha assistito al locale pieno di curiosità. Tra loro c'era un pastore calvinista. Gravemente, ha criticato gli altri perché credono nei bambini. Allo stesso tempo, la donna apparve di nuovo come descritta dagli altri veggenti. Il parroco ha quindi colto l'occasione per comunicare con lei.

"Signore, perché piangete? "Chiese.

"Piango perché in questo luogo dove mio figlio è stato glorificato, ora è piantato e sta raccogliendo sé stesso", ha spiegato la Vergine Madre.

Detto questo, non c'è più. Quando ha saputo dell'apparizione, il vescovo della regione ha intrapreso un'opera che grazie a un ex residente i dubbi sono stati chiariti. Hanno recuperato la cassa sepolta dove era contenuto il documento di donazione della terra della chiesa. In possesso del documento, il vescovo entrò in giustizia rivendicando definitivamente il terreno nell'anno 1622. In tal modo, i protestanti furono espulsi dal terreno essendo possibile la ricostruzione della chiesa di Maria. Questa è stata la prima apparizione dell'illuminato in Europa che ha recuperato l'onore del suo nome. Nostra Signora di Siluva è la protettrice speciale della Lituania.

Immacolata Concezione

Àgreda-Spagna
1655-1660

Situato nella provincia di Soria, Ágreda è un villaggio bucolico e maestoso. Lì nacque l'onorevole Maria di Gesù il 2 aprile 1602. Figlia di signora Catherine d'Arana e del signor Francisco Coronel, la sua famiglia era considerata nobile e religiosa. Fin dalla tenera età entrò in contatto con i dettami cristiani e decise volentieri di abominare il peccato seguendo Cristo a tutti i costi. Oltre a questo, aveva una predilezione per la Madonna.

Durante la sua infanzia e gran parte della sua giovinezza, ha goduto della tranquillità della mente come risultato delle sue opere, pensieri e devozione alle forze del bene. Tuttavia, niente è perfetto. Ha affrontato, nel suo cammino religioso, varie prove e tante difficoltà che a volte si è sentito confuso riguardo alla sua fede in Dio.

Le conseguenze di questa sofferenza furono l'isolamento personale e l'indifferenza verso gli altri. In quei momenti, il soffio del significato nasce dall'esempio della passione del suo maestro. Come nessuno sapeva superare le difficoltà e in mezzo a tutto quel contesto era l'unica ancora di salvezza. In Cristo, si sentiva forte e potente.

In questo senso, il ruolo dei suoi direttori spirituali e della sua famiglia è diventato essenziale nella sua formazione cristiana. Con la buona guida data da loro, fece un progresso sempre più spirituale e di conseguenza si avvicinò a Dio. A questo punto, ci chiediamo, cosa differenziava il servitore di tanti seguaci cristiani?

Maria di Gesù è stata un esempio per tutti coloro che la conoscevano. Fin da giovane, tutto ciò che riceveva finanziariamente dai suoi genitori lo utilizzava in beneficenza con i poveri. Inoltre, partecipava periodicamente a ritiri, leggeva molti libri religiosi e dimostrava una profonda dedizione alle questioni religiose spiegate nelle preghiere, nei consigli ad altri e nella riserva dei piaceri della carne. Comunque, era un modello da ammirare e da seguire da altri che desideravano il regno eterno. Non ci volle molto e la sua fama si diffuse in tutta la regione.

Grazie ai loro genitori, hanno fondato un convento nella propria casa. Attraverso il signore, tutta la famiglia si è consacrata al cristianesimo, cosa che oggigiorno accade raramente. Tra questi, a Maria di Gesù era stata affidata una missione speciale davanti a tutta la comunità e di Dio.

Con il dono della bilocazione, potrebbe essere in due sedi contemporaneamente. Ciò ha facilitato la sua predicazione ai pagani in continenti lontani. Un'altra virtù ricevuta è stata la scrittura. Attraverso di essa, può scrivere le sue esperienze spirituali che hanno portato la luce della comprensione a molte anime. A proposito di queste manifestazioni, era ricoperto di gloria intensa e segreti nascosti rivelati alla sua persona. Al contrario, soffrì intensamente nella carne a causa della cattiva salute. Una cosa sembrava essere intrinsecamente collegata a un'altra per la maggiore gloria del signore e l'elevazione della sua anima benedetta.

Poi arriva la curiosità: in che modo le abitudini di questo onorevole servitore potevano piacere così tanto a Dio? Oltre alle innumerevoli penitenze compiute, digiunava spesso, affliggeva il corpo con oggetti mortificanti e devozione costante alla Vergine. Era quindi degna di essere considerata una santa.

Tornando al suo dono di scrivere, la sua opera più importante è intitolata "La città mistica di Dio", dove descrive la storia della madre di Gesù. In questo lavoro, è stata aiutata dagli angeli e dall'Illuminato stessa. Grazie al Redentore, è stata eletta Madre Superiora del suo convento dove ha svolto una spettacolare opera missionaria. Solo la sua presenza riaccese i devoti fedeli e la sua dolce espressione affascinò. Era come una madre per tutti. In questa posizione rimase per trentacinque anni.

La Spagna in guerra, intorno al 1653, la mano donna di Dio ricevette la visita di Filippo IV. Questo incontro fu così emozionante che i due rimasero in contatto tramite lettere per ventidue anni. Poi la sua morte è avvenuta in piena comunione con Dio. Maria di Gesù è un esempio di santità per tutta la Spagna.

Le apparizioni di Nostra Signora di Laus

Saint Étienne-France- (1664-1718)

Laus Valley è un piccolo villaggio nel sud della Francia. A quel tempo, era composta da una ventina di famiglie la cui più grande fede era incentrata sulle figure di Gesù Cristo e Maria. Il più grande simbolo di questa fede è stata la cappella della Madonna del Buon Incontro in onore della Vergine Immacolata.

Nata nel villaggio nel settembre del 1647, la signorina Benoite dovette abituarsi presto a una vita piena di privazioni figlio di una famiglia appartenente a una classe sociale di estrema povertà. La situazione della famiglia peggiorò ulteriormente a causa della morte del padre quando la ragazza aveva solo sette anni.

Con questo, i bambini sono stati costretti a iniziare a lavorare sin dalla tenera età. In alternativa, le figlie femmine aiutavano la madre nelle faccende domestiche e religiose. In quest'ultimo punto, i genitori della ragazza erano esemplari nell'istruzione dei comandamenti e delle leggi di Dio al di là del passaggio delle preghiere stesse.

Quando i loro figli furono licenziati, la famiglia sprofondò in una profonda miseria per tre mesi. Attraverso l'insistente richiesta di preghiera di Benoite, la Madonna ha inviato emissari a casa sua. Hanno proposto lavoro ai membri della famiglia in due fattorie. Ringraziando il cielo, hanno accettato la proposta e poi ognuno di loro ha iniziato a lavorare. Il lavoro sarebbe quello di pascere le pecore.

In una delle sue giornate lavorative, mentre pascolava le pecore pregando il rosario, la visione di un uomo elegantemente vestito sembra essere un vescovo appartenente alla Chiesa primitiva. Si avvicinò alla ragazza facendo conversazione:

"Figlia mia, cosa ci fai qui intorno?

"Mi prendo cura delle mie pecore, prego Dio e cerco acqua da bere", rispose la ragazza.

"Attingerò acqua per te", l'uomo era pronto per andare a un pozzo che era semplicemente apparso lì.

Portando l'acqua, ha ucciso lei e il seme degli animali. Successivamente, il contatto è ripreso.

"Sei così bello. Sei un angelo o Gesù? "Volevo conoscere la giovane donna.

"Sono Maurizio a cui è dedicata la vicina cappella. Figlia mia, non tornare in questo posto. Fa parte di un territorio diverso e le guardie prenderebbero il loro gregge se lo trovassero qui. Vai nella valle sopra a Saint-Étienne. Là vedrai la madre di Dio: Informata.

"Ma vostra eccellenza. È in paradiso. Come posso vederlo dove lo dici? "Ha chiesto al servo.

"Sì. È in paradiso, sulla terra, e anche dove la vuole - ribatté Maurice.

"Va tutto bene. Seguirò il tuo consiglio, ma non ora. Mi riposerò un po' 'con il mio gregge prima di partire - disse Benoite.

"Decisione saggia. Devo andare ora. Dio ti benedica! "Annunciato agli anziani.

"Vai in pace! "La ragazza desiderava.

Lo sconosciuto fece alcuni passi sul sentiero scomparendo poco dopo. Con questo calò la notte costringendo la pastorella a stabilirsi nel bosco. Per tutta la notte, ho continuato a pensare alla visione El tutto ciò che rappresentava. Se raccontassi a qualcuno di quegli eventi, sarei considerato pazzo. Ma no, era del tutto normale. Poiché era troppo stanca, si addormentò presto e fu inseguita da sogni profetici. La sua mente era solo un disastro e così è venuto in mente.

Presto cadde sulla strada che portava il gregge nella valle designata dal sacerdote. Nemmeno il sollievo irregolare, gli animali feroci, le spine e il maltempo la intimidirono. Arrivato nei pressi di una grotta, ebbe la visione di una bellissima Signora che portava un bambino tra le mani. Senza nemmeno diffidare nonostante l'avvertimento che aveva, la ragazza si rivolse a questa donna.

"Bella Signora, cosa ci fai qui?" Sei qui per comprare un cast? Saresti così gentile da lasciarci prendere questo bambino? Questo ragazzo ci delizierebbe tutti.

La strana Signora era ancora lì, ma non rispose alla domanda della ragazza che suscitò una maggiore ammirazione da parte di Benoite. Il lavoro di pascolo è continuato per tutta la mattinata. All'ora di pranzo, la ragazza parlò di nuovo con la donna.

"Ti va di mangiare con me? Ho qui dei deliziosi panini.

Un sorriso incombeva sul viso della bella signora, ma rimase in silenzio mentre il mistero circondava la sua figura. Andando e venendo dalla grotta, nell'autunno del pomeriggio finì per non apparire lasciando la mano di Dio ancora più premurosa con questa visione.

Un po' 'più tardi

L'altro giorno e nelle settimane successive la ragazza è rimasta nel suo lavoro pastorale. Allo stesso tempo, aveva visioni della strana signora, di suo figlio e degli angeli. Tuttavia, la signora rimase in silenzio, mettendo alla prova la pazienza e la curiosità della ragazza.

Esattamente due mesi dopo la prima apparizione, ha finalmente comunicato:

"Benoite, sono qui perché abbiamo bisogno di te", ha rivelato la signora.

"Chi ha bisogno di me e di cosa si tratta esattamente? "Ha detto Benoite.

"Le forze del bene. La tua missione sulla terra è eccezionale. Lei avrà il compito di operare nella conversione dei poveri peccatori attraverso preghiere, sacrifici, penitenze, esortandoli a seguire la via del bene, ha detto la Madre di Dio. "

"Ne sono davvero capace? Sono solo una ragazza bigotta e fastidiosa. Ha analizzato il bambino.

"È vero. C'è una grande anima in questo involucro di materiale. Per merito, Dio nostro Signore l'ha scelta come speranza di questo villaggio e in estensione di tutta la Francia. Non rifiutare questa grazia speciale — Dirige l'Immacolata.

"Chi sono io per rifiutare? Renditi in me secondo la tua parola.

"Grazie Dio! Sono contento per te. Per ora, ti chiedo di guidare le persone per sempre. In breve, trenta comandamenti essenziali per un buon cristiano. Presta attenzione a ciascuno di loro - chiese la Vergine.

"Quali sono? "Ha chiesto la ragazza.

1. Amare Dio su tutte le cose, a sé stesso e agli altri.
2. Non avendo idoli terreni o celesti, Jahvè è l'unico degno di adorazione.
3. Non pronunciare invano il santo nome di Dio né tentarlo; Né tormentiamo coloro che li hanno già invocati.
4. Prenota almeno un giorno della settimana per il riposo, preferibilmente il sabato.
5. Onora il padre, la madre e la famiglia.
6. Non uccidere, non ferire gli altri fisicamente o verbalmente.

7. Non manomettere, non praticare pedofilia, zoofilia, incesto e altre perversioni sessuali.
8. Non rubare, non barare nel gioco o nella vita.
9. Non dare false testimonianze, calunnie, diffamazioni, non mentire.
10. Non desiderare né invidiare i beni degli altri. Lavora per raggiungere i tuoi obiettivi.
11. Sii semplice e umile.
12. Pratica l'onore, la dignità e la lealtà.
13. Nei rapporti familiari, sociali e di lavoro sii sempre responsabile, efficiente, assiduo.
14. Evita gli sport violenti e la dipendenza dal gioco.
15. Non consumare alcun tipo di droga.
16. Non approfittare della tua posizione per riversare la tua frustrazione l'uno sull'altro. Rispetta il subordinato e il superiore nelle loro relazioni.
17. Non avere pregiudizi contro nessuno, accetta il diverso e sii più tollerante.
18. Non giudicare e non sarai giudicato.
19. Non essere calunniatore e dai più valore a un'amicizia perché se ti comporti in questo modo le persone si allontaneranno da te.
20. Non desiderare il male degli altri o prendere la giustizia nelle tue mani. Ci sono gli organi giusti per questo.
21. Non cercare il diavolo per consultare il futuro o lavorare contro gli altri. Ricorda che per tutto c'è un prezzo.
22. Sappi perdonare perché chi non perdona gli altri non merita il perdono di Dio.
23. Pratica la carità perché redime i peccati.
24. Aiutare o confortare i malati e la disperazione.
25. Prega ogni giorno per te, la tua famiglia e gli altri.
26. Rimani con fede e speranza in Jahvè indipendentemente dalla situazione.

27. Dividi il tuo tempo tra lavoro, tempo libero e famiglia in proporzione.
28. Lavora per essere degno del successo e della felicità.
29. Non voglio essere un Dio spingendo i tuoi limiti.
30. Pratica sempre la giustizia e la misericordia.

"Se tu e gli altri li seguite con impegno, prometto la salvezza e la felicità ancora sulla terra, beato di sicuro.

"Prometto la tua osservazione e la loro predicazione. Hai una buona collaborazione con me. Mi ricordi come ti chiami? "Ha chiesto a Benoite.

"Puoi chiamarmi beato. Sii in pace perché ora ho degli impegni da prendere", ha spiegato la donna.

"Vai in pace! "Desideravo la ragazza.

Negli occhi del bambino, la bella donna si diresse verso la grotta con il ragazzo in grembo. È sparito subito. Era già notte e la serva benedetta ne approfittò per riposare insieme al suo gregge.

Pregate di Loreto

L'altro giorno, la vergine si è avvicinata di nuovo al veggente con un'espressione tranquilla, dolce e splendente. Quando si avvicinò al palmare, la salutò con i seguenti detti:

"Ti saluto, o dedicato del Signore. Hai adempiuto al tuo compito?

"Sì, mia madre. Durante il mio tempo, ho svolto i miei obblighi. Tutto questo è troppo pesante per me. A volte mi sento stanco di assumermi così tante responsabilità in giovane età - si lamentava Benoite.

"Ti senti stanco? Sono qui con le coccole divine per servirti. Vieni a riposarti nella mia veste: la Vergine ha offerto.

"Grazie, madre mia", ha ringraziato la cameriera.

Con la sua innocenza di bambina, si è avvicinata avvicinando le ore sdraiata sul manto del beato giocando con il bambino Gesù.

IL GUARDIANO DELLE ANIME

Questa esperienza va oltre la comprensione umana. In quel momento, Benoite sentì un pezzo di paradiso ancora vivo.

Dopo un breve sonnellino, si svegliò accanto alla strana signora. Poi la conversazione è continuata.

"Ti insegnerò una piccola preghiera. Sono contento che tu la preghi ogni giorno.

"Sono pronto! Il bambino era disponibile.

"Si chiama Il piccolo Pregate di Loreto. Devi pregare così: Signore, abbi pietà di noi.

Gesù Cristo, abbi pietà di noi.

Signore, abbi pietà di noi.

Gesù Cristo, ci ho ascoltati.

Gesù Cristo, abbi cura di noi.

Padre celeste che è Dio - abbi pietà di noi

Figlio, redentore del mondo, che sei Dio, abbi pietà di noi

Spirito Santo, che è Dio, abbi pietà di noi

Santissima Trinità, che sei un solo Dio, abbi pietà di noi

Santa madre di Dio - Pregate per noi

Santa madre di Dio,

Santa Vergine delle vergini

Madre di Gesù Cristo,

Madre della divina grazia,

Madre pura,

Madre molto casta,

Madre immacolata

Madre intatta,

Madre gentile,

Madre ammirevole,

Madre di buoni consigli,

Madre del Creatore,

Madre del Salvatore,

La madre di Carmelo e

Vergine molto saggia

Venerabile Vergine,
Encomiabile Vergine,
Vergine potente,
Vergine benigna,
Vergine fedele,
Vergine Fiore del Carmelo,
Specchio di giustizia,
Sii sicuro della saggezza,
Causa della nostra gioia,
Vaso spirituale,
Vaso onorario,
Insignii vaso di devozione,
Rosa mistica,
Torre di David,
Torre d'avorio,
Casa d'oro,
Arca dell'alleanza,
Porta del paradiso,
Stella del mattino,
Salute dei malati,
Rifugio dei peccatori,
Consolatore degli afflitti,
Aiuto dei cristiani,
Patrona dei Carmelitani,
Regina degli angeli,
Regina dei Patriarchi,
Regina dei profeti,
Regina degli Apostoli,
Regina dei martiri,
Regina dei confessori,
Regina delle vergini,
Regina di tutti i santi,
Regina concepita senza peccato originale,

La regina si calma in paradiso,
Regina del Santo Rosario,
Regina della Pace,
Speranza di tutti i Carmelitani,
V. Agnello di Dio, che togli i peccati del mondo
R. Perdonaci, Signore.
V. Agnello di Dio, che togli i peccati del mondo
R. Ci ho sentito, signore.
V. Agnello di Dio, che togli i peccati del mondo.
R. Abbi pietà di noi.
V. Prega per noi, Santa Madre di Dio
R. Affinché possiamo essere degni delle promesse di Cristo.
Prega: Signore Dio, ti supplichiamo di garantire ai tuoi servi la salute perpetua dell'anima e del corpo; e che, per sempre gloriosa intercessione della beata Vergine Maria, possiamo essere liberi da questo dolore e godere della gioia eterna. Per amor di Cristo, nostro Signore. Amen.

"L'ho decorato. Che bel ragazzino! "La ragazza era ammirata.

"Davvero stupendo! Vorrei che le insegnassi agli altri bambini del villaggio. Voglio che tu lo ripeta ogni giorno insieme ad altri canti di adorazione del più alto. Abbiamo bisogno di fedeli impegnati per la nostra causa. Posso contare su di te? "Ha chiesto la bella donna.

"Sì. Sempre, signora, confermò Benoite.

"Sono contento che tu l'abbia fatto! Sii solo in pace! "Ha detto la signora.

"Così sia," disse il contadino.

La strana signora se ne andò scomparendo come le altre volte. Il mistero circostante è rimasto anche dopo così tanto tempo di convivenza. Tuttavia, istintivamente la fiducia riposta dal pastore era il frutto impeccabile della sua fede in Dio. Ecco perché si dice che dobbiamo diventare bambini per proteggere i cieli.

Una conversione importante

C'era molta incredulità sulla testimonianza della giovane donna sulle apparizioni mariane. Una di queste persone era l'amante della ragazza, donna sciatta senza alcun interesse per la religione.

Un giorno, intenzionata a indagare sui fatti, ha anticipato che la cameriera sarebbe andata al campo nascondendosi dietro uno scoglio. Qualche istante dopo, la giovane donna arrivò con l'apparizione immediata della Vergine madre.

"Buongiorno signora. Come stai?

"Non molto bene. Il peccato di alcuni modi su di me è troppo. Un esempio è la tua signora che è nascosta dietro la pietra. Dille di non bestemmiare più il nome di Gesù perché se continua a comportarsi così: la sua coscienza è in condizioni terribili; deve fare penitenza - disse la madre di Dio.

Prima di queste parole, il peccatore pianse e apparve davanti a loro. Con atteggiamento fermo, ha promesso:

"Prometto di ritrattare e di avere più fede, signora. Mi dispiace per tutto ", ha detto la signora Rolland.

"Tocca a voi. Quanto a te, Benoite, prosegui nel tuo lavoro apostolico. Il mio cuore immacolato ti proteggerà e ti benedirà sempre. Pace e bene! "Hai desiderato.

"Grazie! "Ringraziato la ragazza.

L'apparizione è salita al cielo secondo entrambi. Con questo, il duo è tornato a casa completamente trasformato. Questo vestito era più un miracolo di quella donna benedetta.

Sono Nostra Signora

Sempre più spesso, le notizie delle apparizioni aumentarono di proporzione in Francia. La ragazza è stata chiamata in tribuna davanti al magistrato della sua parrocchia e dopo un breve colloquio si è conclusa la veridicità delle sue informazioni. In quel momento, gli altri non sapevano esattamente di cosa si trattasse l'apparizione e quindi è stato suggerito che glielo chiedessi.

Nello stesso luogo, la bella signora si è presentata.

"Buongiorno, vengo a ringraziarti per il tuo lavoro con i bambini e gli altri per i comandamenti del Signore. Molti frutti devono essere raccolti - osservò la signora.

"Apprezzo la tua fiducia. A nome suo, ti chiedo: sei la madre del nostro buon Dio? Apprezzerei molto se mi dicessi che lo è, e costruiremo qui una cappella per onorarlo - disse Benoite.

"Non c'è bisogno di costruire nulla qui perché ho già scelto un posto più piacevole. Sono Maria, la madre di Gesù. Non mi vedrai qui per un po' '", concluse Mary.

Detto questo, è scomparso come fumo. Un misto di tristezza ed emozione scorreva nelle vene del nostro caro servitore. Cosa sarebbe successo adesso? Non potrei pensare alla tua vita senza la presenza della cara madre.

Un mese dopo

Il tanto atteso ricongiungimento si è svolto sul versante della Ribeira, sul sentiero che porta al Laus. Attraversando il torrente che li sfilava, la dolce fanciulla si gettò ai piedi della Vergine.

"Oh, buona madre. Perché mi hai privato della gioia di vederti così a lungo?

"D'ora in poi, mi vedrete solo nella cappella di Laus", ha detto la nostra santa Madre.

"Non lo conosco. Come faccio a sapere come trovarla? "Ha chiesto al bambino.

"Salirai sul sentiero verso la collina. Riconoscerai il luogo quando sentirai una dolce fragranza", spiegò Mary.

"Va tutto bene. Prometto che andrò domani. Ora non posso perché devo pascere le mie pecore - sosteneva Benoite.

"Lo so, bambina. Non c'è problema. Aspetterò: si è illuminato.

Agitando le mani in segno di saluto, nostra madre scomparve tra le nuvole. Piena di gioia, la sensitiva è andata a prendersi cura del suo lavoro. Tuttavia, il suo pensiero non è uscito dal messaggio ricevuto. Com'era bello essere il servitore di Maria!

L'altro giorno, all'inizio, ha iniziato a percorrere il sentiero. Trovando forza nella sua fede, ogni passo che faceva era un premio nella sua ricerca della sacra cappella dove avrebbe incontrato il suo amato amico. In quel momento, la sensazione che portava sul petto era di pace, felicità e missione compiuta. Maria aveva dato alla sua vita una dimensione completamente nuova e ricca.

Arrivato a Laus, iniziò a camminare avanti e indietro alla ricerca di un segnale. Infine, il miracolo è avvenuto prima di una certa costruzione: un umile edificio di due metri quadrati. Poiché la porta era socchiusa, riuscì a entrare. Si imbatté in un ambiente semplice dotato di un altare di gesso dove c'erano due candelabri di legno. Sull'altare c'era la cara mamma con un sorriso inspiegabile.

"Figlia mia, mi hai cercato diligentemente, ma non dovresti piangere. Tuttavia, mi hai reso felice che non fossi impaziente - osservò Mary.

"Grazie per il complimento, signora. Senti, vuoi che ti metta il mio grembiule sotto i piedi? C'è troppa polvere! "Ha detto la ragazza.

"No, bambino mio. Presto non mancherà nulla in questo luogo: né vesti, né altare di biancheria, né candele. Vorrei che su questo sito fosse costruita una grande chiesa, insieme a un edificio per ospitare alcuni sacerdoti residenti. La chiesa sarà costruita in onore del mio caro figlio e di me. Qui molti peccatori si convertiranno. Apparirò molte volte in questo luogo - annunciò la madre di Dio.

"Costruire una chiesa? Non ci sono soldi per questo qui - Il bambino innocente trovato.

"Non preoccuparti. Quando arriverà il momento di costruire, troverai tutto ciò di cui hai bisogno e non ci vorrà molto. I poveri forniranno tutto. Non mancherà nulla: signora profetizzata.

"Credo fermamente in te. dovrei continuare allora? "Ha chiesto all'umile ragazza.

"Ho due richieste da chiederti: primo, sii continuamente sopra i peccatori. Secondo, smettila di pascolare le mandrie. Voglio la tua piena dedizione alla missione volta a convertire i peccatori - ha detto la Vergine.

"Cosa posso dire? Sono pronto per questo. Sii fatto in me secondo le tue parole - confermò Benoite.

"Sono immensamente felice. Sarò sempre in questa cappella. Continua a diffondere la mia devozione tra le persone — Chiese la madre di Gesù.

"Lo farò con tutto l'amore. Grazie, mamma mia", disse il bambino.

«Per niente, figlia ... L'apparizione corrispondeva.

Infine, salutandola, Mary era assente. Negli anni successivi la notizia delle apparizioni si diffuse in tutto il Paese portando con i suoi numerosi turisti religiosi a Laus. Miracoli e benedizioni continuavano ad accadere aumentando la credibilità dei fatti.

Ebrun era la diocesi di cui Laus faceva parte. Di fronte a questi eventi, il vicario della città ha scritto al vescovo diocesano spiegando i fatti e ha chiesto un'inchiesta ecclesiastica per accertarli adeguatamente.

In qualche modo, non ha accolto la richiesta perché personalmente non era convinto della sua veridicità. Tuttavia, per suo obbligo, si recò a Laus con altri emissari per interrogare il famoso veggente.

Il giorno e l'ora combinati, si sono incontrati con il corteggiatore. In un estratto della conversazione, possiamo vedere questa misura.

"Non pensare che sia venuto qui per autorizzare i tuoi sogni e le tue illusioni, e tutte le cose strane che dicono su di te e su questo posto. È mia convinzione e tutti noi che abbiamo il buon senso che i tuoi sogni sono falsi. Quindi, chiuderò questa cappella e proibirò la devozione. Quanto a te, tutto ciò che devi fare è tornare a casa", disse severamente il vescovo.

"Vostra Eminenza, anche se avete il potere di far venire Dio all'altare ogni mattina per il potere divino che ha ricevuto quando divenne sacerdote, non vi è ordinato di dare alla vostra santa Madre, e quello che vi piace farle qui ", Ha detto categoricamente.

"Bene, se quello che le persone dicono è vero, allora pregala di mostrarmi la verità attraverso un segno o un miracolo, e poi farò tutto il possibile per compiere la sua volontà. Ma ancora una volta, fai attenzione che tutte queste cose non siano illusioni ed effetti della tua immaginazione per ingannare le persone. Non permetterò abusi e lotterò con tutti i mezzi a portata di mano: il vescovo ha condannato.

"Va tutto bene. Pregherò — Confermò il veggente.

"Sei licenziato per ora", ha concluso.

"Grazie mille! "Ringraziato la ragazza.

Dopo la ragazza sono stati interrogati anche il parroco locale El testimoni. Essendo soli, il vescovo e i suoi consiglieri avevano programmato di partire lo stesso giorno. Mentre una pioggia tempestosa lo ha costretto a trattenersi per altri due giorni.

L'ultimo giorno della novena, può finalmente vedere il miracolo che aveva chiesto. Una donna di nome Catherine Vial, nota nella regione per essere handicappata fisicamente, è stata immediatamente guarita dalla devozione a Nostra Signora di Laus.

Con questo, il processo ecclesiastico è stato completato con successo. Come richiesto da Maria, una bella chiesa è stata costruita sul sito per sostituire la cappella. Questo è stato un lavoro meraviglioso di nostra madre. Attraverso Laus, tutta la Francia sarebbe stata protetta e protetta. Benedetta sia la madre di Gesù!

Fine

www.ingramcontent.com/pod-product-compliance
Lightning Source LLC
LaVergne TN
LVHW020441080526
838202LV00055B/5300